DISONANCIAS AFINES

DISONANCIAS AFINES

MARTA MOLINA NARANJO

Círculo Rojo
EDITORIAL

Primera edición: junio 2025

Depósito legal: AL 5557-2025

ISBN: 979-13-7016-859-9

Impresión y encuadernación: Editorial Círculo Rojo

© Del texto: MARTA MOLINA NARANJO
Ilustraciones MATILDE ALONSO SALVADOR
© Maquetación y diseño: Equipo de Editorial Círculo Rojo

Editorial Círculo Rojo
www.editorialcirculorojo.com
info@editorialcirculorojo.com

Impreso en España — Printed in Spain

"Ignoramos nuestra verdadera estatura hasta que nos ponemos en pie".
Emily Dickinson

A mi madre.

Cuando la nostalgia
se me enreda en la garganta,
te llamo y te busco
en el color más íntimo de la tarde
o en el azul de una mañana
que despierta...
y es que me cuesta tanto
vivir el ahora como viene;
sin preguntas,
sin ayer,
sin esperarte.

No me hagas mucho caso
si hoy mi mirada te toca
y descubres esa tristeza mía infinita
que me habita ...
Escucha tan solo mi silencio
que es canción adormecida,
esperando un signo,
una señal,
una palabra que la nombre.

Azul silente.
Rojo carmesí.
Acunaré tu llanto.
Desandaré mi voz
sin ocultar mi devoción
por esa nube blanca.
¿O es espuma?
¡Aunque todo sea
atardecer que se deshoja
o beso pendiente,
seré incapaz de arrancar
estrellas de tu cielo
o de herir tu fragor distante!

Antes de aquel crepúsculo
mi alma se debatía en voz,
como si cantar fuera
una ofrenda dura,
combate al margen de la conjetura,
barricada contra el desasosiego...
... pero en aquél breve instante,
llena de asombro
y remontando todas mis nostalgias,
descubrí el amor.

Resta e sueño. Salta la brisa.
Y resuena un no sé qué de llanto.
Dejaré mi incertidumbre
entre las jaras y el río.
Dejaré también de agitar el viento
...a un viento sin cometa.
Pasen, que voy.
Desubicada y herida como una flor
que se abre a destiempo
en algún rincón del páramo.
Pasen, que voy.
Rueda un pensamiento de montañas tristes
y el amanecer me moja...
o son mis lágrimas de anoche
reticentes a dejarlo pasar todo, o casi todo,
casi hasta la larga espera
que aún se llena de dudas.
Pasen, que voy.
El viento amaina en mi regazo ardiente.
No. No me dejaré llevar por la nostalgia,
que por fin la mañana
ya ha dejado su huella en mi sombra,
y se han quedado abiertas
todas las puertas del alba.
¡Pasen, pasen, que voy!

Entendimiento sin más
en trozos de sílabas mudas.
¡Diez de copas!
Adrede, en la luz tímida
que bruñe mi paso,
la nostalgia arde
en su silencio errabundo.
Casi en vano,
con la sencillez de un pino
o la dulzura de tus ojos,
surge el gesto en el azar del tiempo
sin resonancia precisa.
¡Diez de copas!
Y sigue la vida recuperando el habla
a ras ...casi a ras del olvido.

Incluso entre las espinas,
el pájaro canta ...
Cuánto tenemos que aprender los humanos,
bueno, por lo menos yo,
que no me acostumbro
a la decepción absurda
del oblicuo empeño,
ni al juicio sin razón
de no estar entre los nombres.
Pero ahí voy, ahí sigo
sin porvenir ni nombre
en el torbellino del alma
que clama sobre la decepción absurda.

Derramé un poco de café,
un poco de leche y unas cuantas lágrimas.
No lo pude evitar.
Nunca he sido así,
temblándome todo,
dejando huellas de mi nostalgia febril
en la vitrocerámica ...
y algún que otro suspiro
en la cama abierta en tres piezas
como tres ángeles
y aun así no pude dormir.
Necesitaba algo así como decirte
que te quiero,
posándome al borde de tu cama...
...sin decir nada,
como un pájaro triste,
mudo e insomne...
aunque ya sé, ya sé, es imposible!

Luz sin enojo.
Luz estallando un resto de vida
como brotes suaves de otoño.
La tarde es tan desordenada
en los páramos de mi voz...
tan imprecisa la cadencia de la lluvia.
Pero hay algo que pende,
que no termina nunca de oscilar
entre tu boca herida
y mi camino a tientas ...
quizás, quizás sea una alondra.

Suena el alba.
A veces el mundo cabe en tres palabras
sin puntuaciones,
sin líneas,
sin caminos.
Sonido reconstruido a partir de retales,
recuerdos vagos
y sinceridad configurándolo todo,
para poder creer en ese resplandor
que se decide a dar un poco más de sí.
Abandono la quietud de la ventana
y su rosa de piedra
sin apurar el sentido de un atardecer
para aventurarme en la espesura
en dónde, aún entera,
resuena la hojarasca.

Flores en el desván
mientras se desgaja el cielo.
Boca sobre mi boca ...
está tibio el azahar
en un septiembre melancólico
que suena a olvido,
como si el tiempo diera todo de sí
en una letra en rama,
casi púrpura
y yo me hubiera vuelto otoño.

¿A partir de qué retal
o de qué llanto
se configurará el olvido?
Intimidad en el asombro
enarbolando silencios
mientras suena una balada triste
besando el ánimo confuso,
calmando el abrazo impaciente
por soltar amarras...
¿A partir de qué sonrisa
se soltará mi vela?

Se maduran las sombras
cuando regresa el otoño
con su hiriente exuberancia;
...del marrón al vino
...del verde al amaranto...
Tras los cristales de ausencia
y las farolas empañadas de sueños,
se desprenden
como lágrimas de colores,
las hojas.

Ardiente empeño el que te traba.
Son esas ganas inmensas
de caminar sin riendas,
de dejarte llevar en el olvido tenue,
claroscuro encendido
en un silencio conspicuo y cómplice
como esa caricia
que llega de la nada para quedarse.

Cuánta magia puede despertar una palabra,
cuando a veces se rompe
enfrente de tus ojos
y tan solo con abrir el alma
le das un nuevo hálito de vida,
un sentido,
una unión,
o quizás, tan sólo,
un nuevo intento de fracaso.

Hay un cisne de ala blanca
en una aldea del viento.
Reverberan las sombras
en un ocaso de otoño.
Siento la plenitud de mi canto silencioso,
tan evasivo que apenas logro rozar su huella rota,
perdida, pura.
Tarde de naufragio
en otra realidad,
en otra orilla,
al otro lado de una nota triste.
Migración del alma,
risa leve.
Hay un cisne de ala blanca
en una aldea del viento.

Sobre un jardín de apuntes,
con el sentimiento varado
en la corteza prófuga ...
...escucho el crepitar del silencio
inmerso en la rúbrica transparencia
de una grieta...
Hemisferio de paz,
equilibrio arduo
que sólo se presiente.
Volver a nacer en el sonido
es casi como encontrar
el oculto envés de una palabra.

Desconvocada luna.
Verso necesario.
El corazón se habitúa a la despedida muda.
Parece que no.
Parece que las palabras hoy,
quieren ser mejilla durmiente,
sin brillo,
sin color,
sin beso.
Nada que interrumpa
la minuciosa lentitud de estar solo,
sin amor,
sin odio,
transitando grietas.

Espero el amanecer
y en un papel,
doy vida a una flor.
Aquí y allá pétalos de fuego
y alas negras.
Se disuelve la memoria
y ya septiembre muere;
se sumerge en la casa dorada,
en otra Venecia ida.
Una barca varada sin nombre,
una nota en la ventana ...
¡Será quizás que llegas tú!

Telas de araña.
Luciérnagas en pleno día.
Atalayas sin abismo ni rencor
hilando otra mirada
de caracola en ciernes
y versos libres.
Fósiles desvencijados
enterándose en el aire ...
y no se escucha el mar.

Aunque sé que lo cultivo,
necesita agua mi deseo;
agua y tiempo... más tiempo,
más edades de otro ritmo
y menos razones para atraer distancia.
Sé que lo cultivo,
quizás por eso canto,
por eso abro otros testigos
a una soledad que vibra.
No gente, no,
sino miradas que otorguen otra luz,
otro besar, otro.
La ciudad no me sigue, no,
pero yo sí sigo al árbol,
fiel testigo de mi otra tierra.

Ahora déjame que le hable al silencio...
y deja y deja tu sonrisa en mis labios
para que te recuerde
cuando el eclipse se llene de sombra,
de tierra, de luna
y el pensamiento todo se desvanezca
en el atardecer más conspicuo...
o en el beso aquel que no te di.
Armonicemos cuerpo a cuerpo con el mito,
con el sin saber confuso y trágico.
Cuerpo a cuerpo
con la ansiedad deshecha
en un pétalo de luz.
Almas como velas,
como viento,
como roca evaporándose
en la mano abierta,
como ceniza vuelta a convertirse en llama.
Dejemos que el destino se renueve
bajo un mismo cielo,
aunque la oscuridad exista.
Aún a pesar de la esperanza quemada
y obsoletamente sola.
Vamos, aún quedan hojas sueltas
en la tinta blanca del sueño...
y un sin fin de tonalidades en el alba.

En la carretera crecen los sueños
cuando cae la noche,
a medio camino
entre rutas y rumbos.
A veces se escapan
por las ventanillas de los coches
al ritmo sincopado de las ruedas,
o se quedan colgados a contraluz
entre las líneas discontinuas del asfalto.
O tan solo sin más,
se dejan llevar por el sonido
de una voz a contrapunto
entre palabras de seda que se escapan
como mariposas nocturnas
de alguna radio encendida.

Claridad opaca.
Espacios del alma.
Plenilunio llenándome de luz
aunque el olvido se expanda
y borre sus orillas.
Nostalgia inevitable.
Equinoccio de otoño.
Sin resquemor,
sin huida,
las palabras se abren
para dejar entrar arena en el cristal
a una sola vela,
a solo una llama.

Tal vez mañana.
Intersecciones.
Extrañas paradojas.
Desacelero justo el momento de la huida.
La luna es una isla en el océano del espacio.
Quisiera llegar a verte.
Quisiera rozar el pulso alegre de tu voz
y abrazar fuerte tu sueño.
El balcón está sentado
y la ventana cuelga como una flor
deseosa de caer en tu mano.
Tal vez, tal vez mañana.

Contribuir o no da lo mismo.
Las cartas ya están echadas.
Picas, corazón, árbol mudo, trébol de ases.
Pasan las cadenas sin ruido,
como silencios de una madrugada más.
Pasan las horas sin que nadie las acompañe,
excepto la herida.
La herida fehaciente
que al torcer la esquina
se vuelve espada o canción.

Canto apoyada en la pared
de algún recuerdo,
intentando palpar esta espera
repleta de ausencias.
Otoño entrelazado de luna,
búsqueda herida
de tiempo adormecido.

Naufragando una vez más
como una cometa de papel en la niebla
...sin límites que den sentido a la inquietud
cierro los ojos para ver más
para sentir la completa geometría
del deseo tan frágil,
tan trágico,
tan ínfimo.
Escurridiza plenitud
al ritmo atónito de una tierra inexpugnable.
Libertad hecha de hilos dorados
que se rompen
en el arrabal del pensamiento.

Disonancias afines.
Cuando tuve miedo reconocí mi herida,
las sillas boca abajo,
los cajones abiertos ...
y flores secas
reducidas a un olvido plano.
He roto tantas cosas en mi vida;
un orcenador, una amistad,
un amor ...
y aún rompo la mañana fuera de la luz,
rompo una hoja
plagada de palabras y sin título,
rompo aún este poema.

Cosas repentinas
que, prometiendo rutina,
se derraman bajo mi violín.
No tengo miedo.
La desazón es una rama seca
y yo me vuelvo primavera
al contacto del ayer,
aunque no quede ni voz ni volumen,
aunque la paz sea sin flor
y no queden banderas blancas.
Yo me vuelvo primavera
porque siento amor así,
sin sangre,
así, así sin más.

Otro amanecer
prendido en el atisbar de un libro abierto.
Otro amanecer
que me acerca a una serenidad
descoronada de espuma.
Otro amanecer
hacia la luz que se apoya
en un aliento craso y sin orilla.
Otro amanecer
que me salva.

Humo de lunes
que anda sin asiento
arrimando ascuas y otras letras
a este amanecer.
A veces me pregunto
por qué esta necesidad
de guarecerme en el alba.
Hay tanta cercanía en lo que no se dice,
ni se toca ...
en lo que sin esfuerzo
abre sus ecos.

Me desprendo de lo que sé
para que el tiempo
no se acumule más
en un prodigioso abismo.
Alguien llama a la puerta
entre el mar y la tiniebla
¿Y quién la abrirá
si no queda llama ni vela
en las calles ateridas,
ni fu gor en la hojarasca?

Huellas desentumecidas,
verdes légamos de paz.
Lloran los cielos caídos
y los trenes cruzan las estaciones
vacías eternamente.
Musgo durmiente a la orilla del hierro.
Se derraman los desiertos
como arcángeles disfrazados.
Llueve arena desde el exilio
arrojándose en mis brazos ...
y la ciudad, por azar,
se convierte en espejismo.